10岁
开始的经济学

100万册珍藏纪念版

④ 如果垄断企业民营化

[日] 泉美智子·著　　[日] 石川友子·绘

唐亚明·译

中信出版集团 | 北京

目录

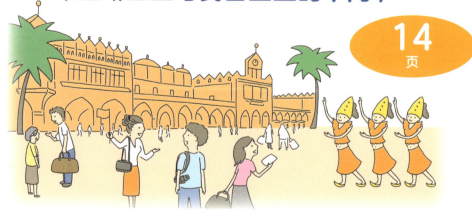
2

3 蒂罗林岛的企业实行民营化!

（什么是股份公司?）

4 民营化使岛屿面貌一新

（民营化的优点和作用）

1 蒂罗林岛是"懒汉"岛？

（垄断企业有可能出现的问题）

这里是绿树成荫的蒂罗林岛。这是一个人口仅有10万人的小岛国。

去年，国王逝世后，由女王统治这个国家。

国王逝世前，生活奢侈；而女王则不同，她生活朴素，和善低调。

一想到岛上的人民生活贫困，女王就非常不安。

支撑这个岛国的经济收入，主要靠"旅游资源"。

岛的四周，大海碧蓝透明。

岛上有两个水力发电站，充分保障了人们的电力需求。

并且这个岛上没有工厂。

蒂罗林岛因风光明媚而著称。

被绿色植物覆盖的岛屿中部，有一个美丽的小湖。

已故国王之所以能过上奢华的生活，

是因为他垄断了旅游业。

岛上的居民大多从事与酒店、餐厅、

港口、旅游大巴、出租汽车等有关的工作，

或是以栽种蔬菜、水果，在海里和湖里捕鱼为生。

粮食、汽车、电器、药品、船、衣服、牛肉等物资，

全部依赖从国外进口。

由于旅游资源丰富，

大批游客来到这里消费。

不论是酒店、餐厅，还是农业、渔业，
都由国王出资的公司经营。
所以，岛上的居民直接从国王那里领取工资。
旅游收入的很大一部分，
要用来进口粮食和工业产品。

那时，国王独吞了一半以上的收入，

而发给每个居民的工资却很低。

善良的女王执政后，

削减了王室收入，提高了居民的工资。

女王想："每个人的工资不一样不是件好事情，

发给所有人相同的报酬吧。"

但是，如果工作中不论勤劳与懒惰，报酬都相同，

而且收入还能维持生活的话，

那么拼命工作的人就会觉得吃了亏。

蒂罗林岛的许多居民开始在上班时打瞌睡，

或是闲聊、无故旷工。

在酒店和餐厅工作的服务员，

待客态度恶劣。

连酒店前台和餐厅经理，

对客人都是一副爱理不理的样子，

简直令人看不下去。

尽管如此，女王也不在乎，她说：

"只要大家高高兴兴地活着，不就挺好吗？"

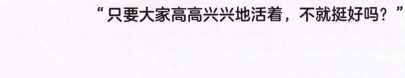

2 为什么雾音岛游客多？
（垄断企业与民营企业的不同）

与其他国家的游览胜地相比，蒂罗林岛的酒店、

餐厅和旅游大巴等服务行业的服务质量实在太差了。

游客开始减少。

游客在岛上逗留的天数也大大缩短了。

旅游收入减少，意味着蒂罗林岛居民的薪水下降，

居民的生活变得贫穷。

由于没有资金维修公路和港口，整个岛国变得又脏又破。

看到岛上居民的生活日益困难，女王忧心忡忡。

她决心前往距离最近的雾音岛，

与该岛的国王亨利·波尔特三世会谈。

说是近，乘船也要5小时。

女王在雾音岛下船后，眼前的场景令她大吃一惊。

港口上，游客正在兴高采烈地购物；

餐厅里挤满了外国人，服务员的服务周到得体。

前往亨利国王居住的城堡途中，女王从出租汽车的车窗里，

看到了与蒂罗林岛大不相同的境况。

导游正在用流利的英语为各国游客讲解，

年轻人为上了年纪的游客提包带路，

女青年唱着雾音岛民歌，

跳着岛上世代相传的舞蹈，欢迎游客。

女王自言自语道："这一切多么令人愉快！"

女王看着沿途的景象，想起了蒂罗林岛。

这里的明朗和蒂罗林岛的阴暗，形成了鲜明的对照。

"为什么如此不同呢？"她想，

"亨利国王一定会解答我的疑问。"

女王期待的心情愈加迫切。

城堡到了。

女王如实地将自己的困惑告诉亨利国王：

蒂罗林岛游客日益减少，居民越来越穷，

自己极为不安。

亨利国王是这样回答她的：

"蒂罗林岛引以为豪的只有旅游资源吧，

要使贵国繁荣，除了吸引游客别无他法。

游客增加1倍，居民收入就会增加1倍，

王室的收入也会增加1倍嘛。

用那笔收入建设和维修公路、桥梁、港口等设施，

贵国就会变得更美好。"

可是，女王不知如何使游客增多。

她又继续问国王。

"那很简单嘛！贵国游客减少的原因，

主要是酒店和餐厅的服务质量太差了。"

正如亨利国王所说，在蒂罗林岛休闲后再来雾音岛的游客，

都纷纷批评蒂罗林岛的服务，说再也不想去了。

国王说："我劝贵国把酒店、餐厅、出租汽车、旅游大巴，

全部民营化！"

国王又得意地说道：

"雾音岛现在的好光景，是因为10年前，
我把垄断企业包括石油化工联合企业等，
都实行了民营化。"

3 蒂罗林岛的企业实行民营化！

（什么是股份公司？）

"为什么报酬相同就搞不好呢？"女王感到难以理解。

"国家当然需要共同富裕，但是问题在于'竞争'啊！"

蒂罗林岛有5家酒店。

"如果这5家酒店实行民营化，它们就会互相竞争。"

民营，意味着酒店的利润将分配给老板和员工。

所以，酒店理所当然地希望更多的客人来住。

竞争什么呢？住宿费、前台服务、房间设备、餐厅饭菜的口味……

这些都要竞争。

而且，由谁来决定薪水也很重要。

能干的人工资高了，不能干的人只好拿低工资。

公司老板责任重大，工资当然更高。

善良温和的女王，

觉得竞争简直就和战争一样，太残酷了。

"如果各酒店互相竞争，

那肯定会出现胜负吧。"

"那可没办法呀。

酒店在竞争中失败了，说明老板不合格。

如果他不适合经营酒店，

可以去干别的工作。

我们岛上，

也有人明白了自己不适于经营酒店后，

改行考了游船执照，当了船长。

这也是一种自由嘛。"

股 份 公

红利

股票

股东

女王有点动心了。

亨利国王拿出一大张纸，用笔在纸上一边画图，

一边以酒店经营为例进行讲解。

蒂罗林岛最大的桑特斯酒店，

"资产"是它的土地、建筑和信誉等。

可以把这些资产变成股票，卖给岛上的居民和外国人。

对桑特斯酒店的发展满怀希望的人，就会投资购买股票。

投资人成为公司的股东。

公司则根据利润向股东们分配红利。

股东参加股东大会，选出经营者，也就是董事。

如果公司的经营没有收到预期的效果，可以召开股东大会，更换董事。

这种公司形式就叫股份公司。

"原来如此。"

女王终于明白了什么是股份公司。

"可是，要评估酒店和餐厅的资产，

还要找购买股票的人，这可不容易。

我们蒂罗林岛好像没有这样的人才呀。"

"那我为你介绍伏利吉斯国的托马斯·帕特里克先生吧。

我岛成立股份公司时，他帮了我们大忙。"

亨利国王立刻拨通了帕特里克先生的电话，

希望他担任蒂罗林岛国的财政大臣。

女王说："衷心感谢亨利国王！
我们一定让蒂罗林岛变得生气勃勃，
游客如云、酒店爆满，使世人刮目相看。"
女王兴高采烈地离开了雾音岛。

女王一回到蒂罗林岛，就召集酒店和餐厅的老板开会，

向他们讲解什么是股份公司。

会上，很多人提问或提意见：

"怎么评估资产呢？"

"我们能当经理吗？"

"我觉得目前这样就很好嘛。"

"我们一定提高服务质量，但不希望改变现状……"

看来，并不是所有人都赞成垄断企业变成股份公司的。

女王想："那就拜托帕特里克先生吧。"

4 民营化使岛屿面貌一新

（民营化的优点和作用）

培养肩负未来的优秀人才，对蒂罗林岛极为重要。

特别是要推广英语教学，

这样岛民就可以通过英语和大多数游客交流。

蒂罗林岛国决定，每年选派20名年轻人到英语国家留学。

蒂罗林岛扩建了港口，以便大型游轮靠岸。

为了保证外国游客的安全，

还增加了警卫人员和消防员。

酒店变成了股份公司。

帕特里克先生在首届股东大会上建议：

由购买股票最多的人担任总经理。

会场上响起了热烈的掌声。

经营酒店，当然要靠总经理的能力，

但是改变全体员工的心态也极为重要。

新任总经理严肃地说：

"为了让更多的游客住酒店，我们要讲究餐厅的饭菜口味，

提高服务质量，绝不能输给别的酒店。

大家努力吧！"

酒店的服务眼见着好起来，

餐厅的饭菜也变得可口了。

满载着游客的游船，游弋在岛屿中部的小湖上，

旅游大巴上装满了人，出租汽车站前游客排起了长队。

没过多久，游客就增加了1倍。

外国股东到处宣传蒂罗林岛。

变成股份公司的酒店，向各国游客大量分发宣传品，

起到了招揽客人的作用。

股东们分到了丰厚的红利，非常满意。

餐厅生意兴隆，员工们拿到了奖金。

帕特里克先生来到蒂罗林岛已经3年了。

现在，岛上充满生气，变化之大令人难以置信。

从英语国家留学归来的年轻人，

一直协助帕特里克先生工作。

看到这些年轻有为的青年，

帕特里克先生开始考虑：

"我快到引退的时候了……"

他对女王说："我打算回伏利吉斯国。

那些留学归来的年轻人，

一定会使这个岛国更加美好富饶。"

帕特里克先生起程回国的那天早上，

港口上挤满了前来送行的人。

蒂罗林岛的山山水水，

也似乎恋恋不舍地向他告别。

女王眼含热泪，与帕特里克先生紧紧握手。

她说："再见了，帕特里克先生！

托您的福，蒂罗林岛富裕起来了。

请您保重身体，一定常来岛上玩，一定呀！"

作者介绍

■著：［日］泉美智子

"儿童经济教育研究室"代表，理财规划师，日本儿童文学作家协会会员。
她在日本全国举办面向父母和儿童、小学生、中学生的金钱教育讲座，同时编写公民教育课外读物和纸戏剧。主要著作有《什么是保险？》（近代推销社）、《调查一下金钱动向吧》（岩波书店）等。

■绘：［日］石川友子

插图画家。出生在东京。东京节式美术学校毕业。曾荣获塔纳优秀奖、下谷二助奖、The choice 奖、PATER 奖等。主要工作是为书籍、广告、杂志、网页做插图和设计。日本图书设计家协会会员。

■译：唐亚明

知名图画书编辑、作家、翻译家，出生于北京。毕业于早稻田大学文学系、东京大学研究生院。1983 年应"日本绘本之父"松居直邀请，进入日本最权威的少儿出版社福音馆书店，成为日本出版社的第一个外国人正式编辑，并一直活跃在童书编辑的第一线，编辑了大量优秀的图画书，并获得各种奖项。
他本人的主要著作有《翡翠露》（第 8 届开高健文学奖励奖）、《哪吒和龙王》（第 22 届讲谈社出版文化奖绘本奖）、《西游记》（第 48 届产经儿童出版文化奖）等。
他曾作为亚洲代表，任"意大利博洛尼亚绘本原画博览会"评委，并任日本儿童图书评议会（JBBY）理事。现在东洋大学和上智大学任教。现任全日本华侨华人文学艺术联合会名誉会长、全日本华侨华人中国和平统一促进会会长。他翻译了许多作品介绍给中日两国读者。